AF391439

Né un Onze Novembre

Charly Amadou SY

Né un Onze Novembre

Éditions Milot

ISBN : 9782493420817

Scratchissime

Sous une mer sombre et ronde en deux dimensions
Neufs autres s'ouvrent, fissures sur le sillon
D'où sortent tambours premiers big bang
Ex trombones enchaînés, cuivres devenus big band

La main arrête le temps, il n'existe plus
Chant sculpté sur pétrole fixe qui attend son reflux
Puis les doigts, en perpétuelles secousses, s'agitent
Fondant sur mère cure, des ondes lévitent

Jouent avec le Présent, mouvement arrière
D'infinies combinaisons, mouvements futurs
Arabesques virevoltantes dessinées à main levée
Notes hiéroglyphes gravées sur mémoire coffre-fort

Petit frère de la grande Cuica, cesse tes plaintes
Et tes répétitions de a-allant lents briquets
Et brûle de te savoir si vain, si prompt
À remodeler les vestiges du passé, oreille drone

Sans tain

Je fume les feux follets de mon âme
Distille les peurs du Moyen Âge
Saladin et croisé à la Foi

Tant de cendres vers ces
Monts sublimes exaltés
Tour de France des guerres passées

Alchimiste des trois rives
Par Isis ? non ! Almadies dernier arrêt
Trêve longtemps espérée

Tant d'années à se regarder
Dans une glace
Tant d'autres pour polir
Le miroir sans tain

Vanupièce

Âme cachée, expansion inouïe, un ?
Elle, sa fugace collision de galaxies
Lettre soupir au fond du tiroir infini
Raspoutine à sa Reine insatiable

Transformation impalpable
Les yeux dans le dos ne devinent plus
Les soudaines oscillations
D'une trajectoire incertaine

Hidalgo Africain, esperanto d'amour
Dansant une fuite pour flûte atonique
Pivotant sur lui-même
Révolu Chopin ? Qui La fée ?

Quand nous ne serons plus que particules cosmiques
Dans les limbes de nos vanités
Et que l'attente ne sera plus Temps

Copernic noir, je te retrouverai

Pour t'offrir une valse sphérique

Dont seul moi ai le secret

Tirs raillés sénégaulois

Médailles sans provisions

Baraques seconde zone

Soul Age

Noir est couleur brillante
Se révèle au détour d'un angle Picasso
À part pour les fous les aveugles dénigrant
Nos avenirs, desseins sombres

Noir est couleur palpitante
Peur de voir vos femmes
Avec nous sous la tente
Cœurs chocolats, ô laids !

Noir est couleur trébuchante
Croche-pieds à peine feintés
Maintes fois déjoués, joliment dribblés
Tour aux mille trappes marches d'escaliers

Noir est couleur sonnante
Frémissent dans la boue soupe première
Sur la palette chaudron du grand Peintre
Les Amours d'impromptues sonates

MUTACTIONS

Au front des mauvaises nouvelles,
Mes oreilles saignent de tant de cruauté
Refugiés sur un bateau, traders dans leur tourelle
Un trou dans la coque, un autre dans la tête

La haine rampe comme une trahison
Toutes ces valeurs comme des mensonges
Effacez-les enfin sur tous les frontons
Archives déclassifiées pour histoire sans Honte

Ô temps béni de l'Ortf, ordre vertical
Cinquante ans plus tard, les mêmes couleuvres
Glissent sur Marianne, du bel ouvrage
Statue quo senti par un fier buste libéral

Pour les managers, hier n'existe pas
Tayloristes de la pensée de la fiche de paie
Une balle perdue dans le haut Atlas
Supporter les yeux fermés pour avoir la paix ?

Cérémonie du T

Chacun de nous dans ses pensées
Amis contés, sans obligation de parler
Un geste maladroit vient frayer, inouï
Le rire de nos existences, le temps est notre ami

Silence, le repos de la présence
Le bec verseur de la théière piaffe d'impatience
De narrer les histoires du pégase, ailé et noir
Chevaux chants, air, tiges de nos mémoires

Synapses en feux d'artifices, images thé, tues
Esquisses d'imprenables vues, souvenirs
Ziguinchor, allées déformées par la crue
Le bec d'argent miroite le ciel sans réfléchir

Voltigeurs bariolés s'élançant du haut d'un mat
El Tajin, sa pyramide fière, niche de pleines lunes
Que l'espagnol à peine débarqué, ruina
Lui verra cruz, eux dieu tonnerre à moitié nus !

Pendant que je revenais de Casamance et du Mexique,

Mes frères se trouvaient encore en nuage compagnie

Regards croisés, mes yeux rieurs télépathiques

Questionnent : « et toi ? où volais tu ? dis ! »

Pour S. Guerrière Djokan

L'Amazone

Juchée en haut d'un arbre Cathédrale
La fille du dragon argenté vert et bleu
Fend l'air de gestes lents et majestueux
Plonge pour mieux embrasser la forêt Incal

Femme chamane aux cheveux légers
Belle âme, chant du monde amazone
Dans lequel tu te fonds et réapparais
Douce guerrière, Djokan de la faune

Rythme effréné, bat impétueux le cœur
Arc ancien de couleurs, en ciel d'ambiances
Sur le deux, tu ris, sur le quatre, tu danses
Un, ta frappe déterminée, peuple sans peur

Tant de grâces dans ce teint doré
Dans quelles sources sacrées t'es-tu baignée ?
Serein visage, sœur aimante du silence

Si propres tu as les mains,
Tu laisseras toujours une trace
Sur le miroir

L

Je ne suis pas de ce Monde
Et chaque soir à deux ailes d'y retourner
Nuit détour voie lait, au matin ramené
Merlinite, pierre de synapses blanches et noires

Bouche trompette à l'appel
Entre scène et audience, je réponds
Porte en moi le Livre Sacré
À toi, je veux bien le prêter

Confiance aveugle, ouïe fine
Ma Lorelei ne saurait sauter
Trop effrayée par les Djinns
Autarcie sentit bois de santal

Frayeuse de jungle danse
Lignes de vie code végétal
Un solo de piano trop long
Tu apparais au presque parfait

CE CORPS PION

25

Sous hypnose et toujours sous emprise
J'ai parcouru toutes les routes d'émeraude
Myriade de couleurs à travers le même prisme
À la recherche de la femme aux mille odes

Je m'éloigne toujours plus loin, vu du miroir
Ni seins crocs ni cités, jamais la bonne heure
Cascade de reins, oasis de la mémoire
Où se balade seul un scorpion râleur

La piste infinie comme une extase
Qu'empreintes tatouées n'effacent
Pour toi aujourd'hui j'arrête ma course
Et pour Sa face, vole jusqu'à la grande Ourse

Pente escarpée, de l'amour de qui suis-je le mime ?
D'après le qui, Dame ! Personne ne connaît le grand A
Vous êtes sourdes ? Tant d'amour feint ! Je ris !
Débarrassé des faux semblants, plonge de la cime

La Tente

Nuit noire, forêt dense de mes espoirs
Bougie allumée pour ombre chinoise
J'attends tranquillement la splendeur
De l'aube, silhouette courbée et son heure

Inspecteur de l'âme sans indices
Aiguisé comme l'An Quête et couteaux
Disséquer cent heureux lâches qu'on plisse
Les velours trombes peurs d'anciennes peaux

Dehors les vieux caprices veulent entrer
Haut vent fermé, je laisse passer l'averse
Caresses que l'on repousse sans cesse
Meurtrières, pont levis qu'une fermeture éclaire

Et, quand la mèche dictera sa fin
Je sortirai de ma précieuse tente
À la Lumière étincelante me confierai
Peut-être me dira-t-elle où te trouver

Mal armé

Fenêtre fermée, le ciel des gagés resplendit
Ouverte, je ne perçois que les bruits
Des douleurs et des cris qui traversent ma tête
Finissent dans ma poitrine, tirés d'une arbalète

Cette liberté combien durera-t-elle ?
Est-ce un choix, si d'un battement d'ailes
Me retrouve loin longeant la côte basque ?
Épargnant mon cœur de toutes ces frasques

Même là-haut, je ressens la maladie des autres
Je renonce une fois de plus à m'en défaire
Que je vole de Biscarosse à Saint- Nazaire
Les vents de pleine face où je me vautre

Comment faisais-tu poète sans bouclier
Pour, de tous ces malheurs, t'extirper
Mal armé, nom et prénom Amadou
Je sens le poids du monde sur mon cou

Hémoglobal

Argent homme bouffi
Paradis fiscaux invisibles
Ici matraquo-dépressifs

S'ils

Amours et télégrammes
Deux doigts qui se frôlent
La montagne en forme de cils
Ses rocs entremêlés, un baiser

Voir la Beauté où elle se trouve, partout
Sourire bicloune triste, trop grand pour hêtre
Sous rire de col, été, souris de coté
Pour voir l'ensemble, le 1 possible

Étreintes cantiques
Aujourd'hui plus qu'hier
Demain ne sait jamais
L'aube ne compose jamais de fausses notes

Laboureur du chant

Entouré de livres et de vieux grimoires
Tables vallées du mi sourire, table mise érable
Marée cages où ne sont précieuses que les pierres
Les jours nés sans Toi, l'Inconnaissable

Vieille terre qui n'attend qu'une seule chose
Un signe en forme invisible de goutte d'eau
Pour redevenir palais et jardins grandioses
Comme certains partent et meurent trop tôt

Le cuir du portefeuille depuis ne luit plus
Qu'importe une soudaine et telle sècheresse
Si du haut du toi, je ne Le perçois plus
Si de ces sillons ne pousse que la paresse

Je suis le laboureur du chant
Des plaintes, j'en ai plein la pelle
Laborieux et pourtant content
Quand à la bourre, heure, j'entends Son appel

Victor Rugueux Aquatype

Le pirate à la boucle d'oreille égarée
Crénom d'une licorne !
Rires d'outres, ciel bleu pétrole
Fortune fait d'or et de serres
Il n'y a que Toi

Tu ne l'as pas trouvé, un ?
Ce trésor dansant boule à facettes
Qui du quai brillait diamant ravi
Des hautes profondeurs de la tour Babel

Tourneboulantes les tangentes sirènes,
Se défont d'une formule magique.
Prononcée à l'an vert, heure sans faim
Langue inconnue du Petit comme du grand

Plafonds d'air, sourde danseuse étoile
Respiration comme des poissons bouées
À chaque palier, un ballet
Poussières de nos amours

Dernier café

Pointe de cœur, œil bleu vairon
Tendres années, cité Véron
De quoi écrire ? nous verrons
Membre iceberg sous les verrous

Dernière clope en lévitation
J'attends que Grand Peintre
Décore mon sommeil
Couleurs merveilles vert chaos

Chemin fou langue fourchue
Que j'évite même éveillé
Qui du ponton je me jette ?
Si je ne meurs j'ouvre l'œil

Reconnaissant pour ce nouveau départ
Qui sait ce que m'apparaitra
Cette journée train de gare
Touba ou sévillane de Malaga

Cœurs rendez-vous quantiques

Interprétations de rives

Eux égalent, aime c'est deux

Croissant de l'Une

Bifurcations d'une vie, choix ultra violés
Trop de couleurs pour l'Une, partenaire rêvée
Chemin tortue, droit, non loin l'impasse
Désormais en orbite, on en recherche la trace

Où es-tu passée visage à tragédie grecque
Horloge moléculaire, l'aiguille indique sec
Enfant désiré, l'homme passe en second
Qu'importe s'il se noie l'inutile infécond

Où es-tu femme chamane sept ans première
Délogea l'aimé pour mieux célébrer le père
Femme qui d'un trait inique rasa Rome
Mais le Moaï sous la terre reste un homme

Où es-tu Amour que l'on tient en laisse
Ta haine de toi se lisait dans la presse
Aurait-il fallu encore longtemps t'insulter
Pour que l'orgue asthme continue à jouer

Et toi petite fée que j'ai laissé fuir
Qui un temps réussît à écarter de moi le pire
Flute enchantée qui jalousait le ciel
Pas besoin de permission pour aimer l'Eternel

Où es-tu enfin lionne de Medellin
Sur mon cœur la marque de tes canines
Hier mains tenantes, piques brodées sur blason
Mon amour pour vous en apnée plus profond

Bout Grenelle

Nostalgie, nom de médicament périmé
Comprimés que l'on jette les yeux fermés
D'une Tour Eiffel en plastique, déprimée arpège
Tête effervescente pour boule flocons de neige

Archéologie intime d'où l'on extrait
Une pomme d'Adam électrique
Un vinyle qui roule, Morricone planant
Un grigri qui dérive sur le fleuve Sénégal

Boîte noire sur l'amer du nord
Tumulus de rires, de danse, de lumière
Ma grand-mère, ses boléros et tango
Inconditionnel amour jamais retrouvé

La bande dessinée mon amie, mon refuge
Les bulles comme une respiration
Enfant gueule cubiste, sombre et seul
Peau loque de Chéri coco, Samba

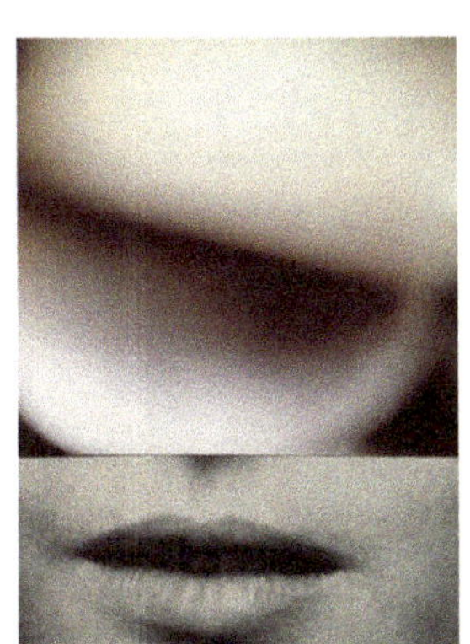

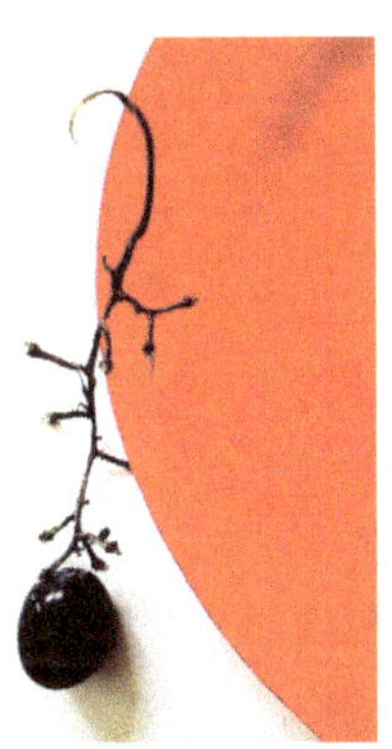

Dirigeable

Je lâche du lest du haut de mes illusions
Dégagement de ballon en cloche
Il ne redescend pas, laisse-le là-haut
Suspendu à la corde invisible

Il flotte seul parmi les nuages
Lunettes buées en fleurs sauvages
Roue de Fortune indivisible
Dessine la torche désenflammée

Cheveux filandreux parure d'ambre
Magnifique coiffure geôle
Bourrasque vent non répertorié
Me penche en avant et me libère

Voguant au-delà de mes anciennes gloires
Féminines affublées de Son non
Pour une presqu'île d'ouïes je sautais
De la nacelle de ma tranquillité

Piqûre de né en

Piqûre de né en soixante quatorze
Arlequin de bric et broc, collage grappes
Raisin du plus fort, colère en écorce
Arbre de vie, Tronc pour franchir un cap

Faut-il vraiment que cela rime ?
A quelque chose dont on a perdu la raison
Oublié le style, oubliée la frime
Plus nu qu'un vers dont on retire le cocon

Puis cure de Néant, du haut du guet, ris
I grec je le mets fièrement sur le Sy
Mon Dieu, Donnez-moi le sein de ce jour
Que j'y meure, que je m'y mourre

De tant de baisers aurais-je abusé
Pour que seul Tu me laisses errer ?
Il est vrai ! Parfois à désirer était le soin
Jeune, on ne pense qu'à se rouler dans le foin

Houris

Je ne désespère pas, jamais, car Tu m'écoutes
Peu de fois un Patron fut tant aimé
Oui, je me plains et ne devrais pas
Car franchement, de tout je jouis avec Toi

Pourquoi ce vague à l'âme, ce naufrage ?
Triangle des berlues où je me perds sans sex
Transformé en sensation pure
Bouteille à la mer qui ne flatte, gens durs

Quai jeux à gagner, amour céleste
La pluie tombe à profusion sur ma pomme
Cette vie fusain que je peins à croquer
Les morts sures fugaces dont tu me délestes

J'en prince pour Toi, que puis-je ? Fers
Bien, en argent ce plateau que je sers
Ô, clap de fin, enfin béni, je souris
Tu me présentes la mienne, de houris

RDV DANS L'ESPÈCE

Cher petit homme obtus, après quoi cours-tu ?
Tu en as fini avec la Terre, exploitation finale
Pyramides et Cathédrales, désir d'absolu
Édifices divans, mégalomaniaque bancal

Double langage, une balle dans le pied
Tu ne reconnais pas ce que tu poursuis
Dans la chair du monde, perpétuelle agressivité
Introspection blindée qui reste nuit

Perdu dans les multivers de l'inconséquence
Rêve de colonisation, de fast-food sur Mars
Réalité alternative dans laquelle tu te lances
Une fois de plus, cités trouvées sans astrolabes

Voyeur insensible, regarder sous les jupes du Cosmos
Embrasser sans la comprendre la même gnose
Drogué au progrès et à sa prochaine dose

3 langues : Pars y fall

Si tous les saules lumière que je peins
Se transforment en arbres sans souffle
Pourquoi ne pas prendre ce chemin seule
Si pour toi rouge coupe-gorge

Le destin des héros n'est-il pas de mourir
Dans une incandescente forêt de pellicules
Cheveux cœur froid pour écran noir
Étalon glisse dans l'escalier escargot

Désarmé par une matraque de lavande
Réverbération dans poitrine vide
Au loin, des échos de batailles, aberrations

Retrouvé Son monde fait de miel
Partout, je pansais les trous béants
Que seuls les nuages cautérisaient

Loch Ness

Monstre du Loch Ness,
Je suis plus laid que toi
Mais le vert qui m'entoure
Au contraire te fait la coure

Quasimodo est jaloux,
De Notre-Dame brûlée il crie sa tour
Esméralda depuis longtemps s'est évaporée
Avec quelques marins d'eau douce aux teints dorés

Rêves croisés

La voiture bleue haut dans le ciel
Sans inquiétude, je la vois s'écraser
À la radio enfin une bonne nouvelle
La création d'une galaxie en forme de voile

Sur Elle, des enfants courent et jouent
Sans honte dans le plus simple appareil
Mon âme éthérée s'invite à déjeuner
Vin de la lucidité, nourriture céleste

Six jours comme des millions d'années
Flash info grain de sable
Des hommes et des ânes
Se disputent une portion d'herbe

Pastelito de pollo

Cartagena, mi amor d'indépendance
Le même jour de naissance
Onze no vendre, Onzurna
Que neige fait ? Amour fondu

Balthazar à l'étoile sacrée l'avertit
L'innocence de l'homme s'évanouit
Le scorpion sur la tortue
Idylle au fond du puits

Guajira de l'impassible désert
Précipitât l'homme trouble
Dans le bras double d'une rivière
Dorian grée, tarie colonne d'air

Soldat inconnu, canard boiteux
Du fond de sa tombe saccagée
Siffle une télépathie mélopée
Un air à jamais fredonné

Tamas

Tamas, au son mouillez le doigt
Devinez d'où vient le vent
Chant de nouveaux nés
Baobabs et Manguiers

Maternité exilée
Au-delà de Rosso
Pauvre est riche
Descendre du globe

Saré Souki, fantasmé village
Où se fracassent puériles
La pluie et les tornades ?
Sur les miradors de Paris

Suspens infini d'un futur exit
Partir destination intérieure
C'est au pied du mur
Qu'on voit mieux le mur

Vain quatre survint

Le premier disait tenir la vérité
Ouvrit sa chaîne, fit réchauffer,
Des cons gelés vomissant, ventre pollué
Frigo fast foutre et malin formé

Le second fervent cathodique au service
De l'état, sommait les pauvres erres
Rampez yabon élèves ! bénis ouin ouin !
Sacro-saintes piqûres de rat pelles

Number tri, à vos déchets
Images de mort, bien de chevets
Bande à trois coups, éboueurs proprets
Mines en plastique, Ministre enjouée

Le quatre mit le feu aux poudres
Les vieux servent de cobayes sans honte
Maison de chenil retraite sous les projecteurs
Sans boire ! De quoi reprendre des canons !

Surplouf

Bribes d'amour pour brebis égarée
Ancien corsaire au corset désiré
Rakim n'a que pis que pendre
De cette bouche peinte à suspendre

Ce souffle n'est pas tien
Il vient du Tout et pour toi du rien
Le toit de la mer, au fond du parvis
Résonne de ton profond oubli

Le fracas fait place au silence
Ces vagues échardes qui depuis lors me tancent
N'existent plus dans cette apesanteur
Où seul dans mon hêtre je divague

Le volcan s'éteint puis fusionne de l'intérieur
Le magma se répand dans La direction
Celle laissée par les blés calcinés
Dans les abysses se joue « La roche dulcinée »

Grêle, eau et neige

Tous les chemins menant
À la même montagne dorée
Je bifurquais abruptement
Trébuchant de temps en temps

Par une branche de velours et d'acier
Je m'accrochais au vide
En bas une rizière de quolibets
Comme les saules souriait

Je ne vous vois plus
Fâcheux toujours fâchés
Potentiellement nés fachos
Morts habillés en costume de Faux

Je suis à la porte de l'Heure sonnante
Je toque à l'Ami, dehors Fort Alamo
Je suis à l'Abri, je suis en sursis
Rassasié d'eau mémoire, je redescendis

Planète 9

L'explosion d'une géante gazeuse
Laisse les traces coton dans le ciel
Émanations de gaz risible
Hilarantes toujours en vie

Soufre jaune sans effet secondaire
Sur une route latérite
Impact plus conséquences

Cloche-pied d'images pour caboche secrète
Ouvrez-moi la poitrine
Troisième œil teinté de miel
Collant comme une vision nocturne

Plus besoin de scaphandre
L'air y est respirable
Pour les hommes peaux d'érable
Qui écrivent langue salamandre

Prêt pour une nouvelle aurore

S'arrache du lit le prince d'or

Le Roi nous parle encore

Pendant que nos rêves s'évaporent

Modeerf uo el Lov

À la vitesse de la lumière, j'étais là, assis en tailleur,
Survolant cette étendue blanche, horizon sélénite
Le temps n'existe pas, scintille en suspension,
De là-haut, des montres éventrées d'une autre époque
Aveuglent comme des milliers de quasars

Je vole ! Mystérieusement, sur vos peurs, je vole !
Fugitif au corps éthéré, se défait du djinn
Cascade d'eau figée, sables émouvants
Lynx, phénix, sphinx, yeux persans

Descente en piqué pour voir de plus près
Des obélisques en agates léopard
Gardés par des tue-têtes scalpées à langues fourchues
Elles planquent dans un désert sans dunes,
Les mémoires évaporées d'un roman-fleuve

Alors que j'allais dépasser la grande fosse dorée,
Un son rauque de baleine mourante ébranla mon
véhicule,

Une pluie de mercure incandescent commença à
tomber
Et à repeindre mon tapis volant d'un double gris plus
lourd que le plomb

Je tombe ! Apesanteur vertigineuse et brutale, par
chance, Chute dans une de ces fameuses failles sans fin
Dont les flancs sont des bouches géantes ouvertes
Par le flot incessant d'images expo haine à travers le
temps

Ralenti par la splendeur, je contemple, machette en
main, Des forêts de vide noir tintées d'aurores boréales
Où se cachent des fantômes de fauves et d'ours rouge
Sang cherchant sans cesse ce prétentieux Orion

Casseur de forêts

Je tombe ! Tour bouillonnante, aigle mage es tueur
Que finalement un scorpion sans pitié piqua
Point perdu étincelant dans un long plan séquence
Ubuesque matière noire d'une clarté inédite

Mais de qui sont ces souvenirs ainsi projetés ?

« Ce sont les miens », me répondit la bouche à bouche
Pendant que je tombais encore et toujours entre ces
Images folles, enchevêtrées d'historiques discordes,
Rotatives Visions du passé, rabâchage du futur

« Passe et regarde bien ! Reprends ton vol
Onze mille pieds en dessous du ciel sont
Baignés d'explosions de volcans aux cœurs éteints »
Sombres balafres couleur lave, Vénus sulfurique

Je glissais dans le ciel comme si de rien n'était
Derrière moi, une voix rapace me retenait entre ses
serres
« Embrasse-moi, tu n'as plus de lèvres
Embrasse-moi puisque tu n'as plus rien
Respire »

Technologies Terres glacées,
Sous lesquelles en paix l'émotion repose
Tout droit tout droit l'horizon
Le Rêve de progrès gouverne, le calme apparent ment
Surf l'aveugle au futur livide

Horloge aborigène

8 : 08

Des jumelles
Se regardent à travers
Deux phares, à l'infini

Fantôme de la Quête

Si Lent ce
Came ou fouet
Deux réponses

Ou

Sy lance
K mouflet
D'eux R.i.p onze

Choisis ton poison
Scarlett au rabat

Da capo

87

Une histoire se finit
On revient à la ligne
Ronces de la pensée
Aïe ! deux guerres !
Philosophie au bout du canon

Les livres devenus sable
Servent de piste de décollage
À un escadron de mouettes rieuses

Né un onze novembre I
Saïdou Hamady Youba Sy

Aujourd'hui encore j'ai vu la mort avide
Camarades, soldats et inconnus
En une seconde épousent la terre, boueuse
Pas la leur ; que deviendront leur esprits, errants ?

J'ai vu l'horreur et l'insignifiance d'une vie
J'ai vu La Protection du Très Noble
J'ai vu la petitesse du misérable
Qu'il soit noir, blanc ou futurs laotiens

De retour au village, je ne parle plus
Les gris-gris m'entourent, pour mes fils maintenant
Porter la dignité d'une famille bénie, à notre vue
Les diables voleurs de poissons fuient nos filets

Toi ! Tu viens après la bataille, Colonel bien habillé
Réunir les braves combattants sur la place du village

Tu veux me décorer ? viens au moins jusqu'à ma case
Ah c'est comme ça ?! Bonaani !
Garde ta breloque !
Mes enfants, déjà illustres, à ta porte toquent, toquent,
toquent.

Né un onze novembre II
Amadou Youba Sy

D'Indochine, je suis revenu avec quelque mots
Qui font rire Nguyen le guichetier de la poste
Accompagne-moi au p.m.u faire un tiercé
Tu vois ce cheval ? il va se faire doubler !

Mon fils, depuis le début les dés sont pipés
La nationalité, icone à jamais miroitée
Cinquante euros par trimestre, rire jaune
Pour se faire trouer la peau ou bien la risquer

J'aurai pu être chef du village
Et quoi ? Si Ar Rahim t'invite au voyage
Tu ne peux faire confiance qu'au Très Sage
Qui te sort du bourbier et du pire carnage

Contrebandier, cuisinier et d'autres métiers
Sur bien des continents j'ai bourlingué
Faire chavirer les cœurs comme Humphrey
À travers la fumée, l'élégance d'un chapeau

Né un onze novembre III

Grand-père tirailleur
Père tirailleur
Et tu voudrais que je me tire ailleurs ?

Seconde classe, français ? apatride sous Chichi
Une nouvelle loi et tu n'es plus d'ici
Le wagon de Compiègne explosé par qui ?

Affabulations ? J'en vois au fond qui rient
Feignent la naïveté à grand bruit
Décerneront à titre posthume titres et grands prix

La peste et le choléra mangent ensemble
Change de chaine, Marechal nous revoilà
La flamme de la haine avance masquée

Lully et colvert le canard, on connaît la musique
Un fait divers aux notes sordides
Et les politiques orchestrent la partition de la fratrie

Au feu, au feu citoyen !
Les éléments de langage brulent insipides
Font de nous leur combustible

Le temps des cecrises, le nez s'accommode
Aux idées nauséabondes la patrie reconnaissante
Vite un mausolée en hommage à l'hommage

Mercedes

A estas horas, ¿dónde estarás?
Quizás sin darme cuenta
Escondida detrás de mí

El pájaro que canta
Un boli que se cae
Abuelita tan querida

Por fin, dejé de fumar
Ahora sí cumplí palabra
Lo siento por todo lo que viste

La vida es así hecha
Uno se tiene que equivocar
Para limpiarse de una vez en el mar

Me dijeron traidor
Pero de donde estás, tú sabes
Nunca traicioné tu amor

Cuando muera quiero verte
Algunos se ríen, ¿ qué me importa ?
Incluso en ellos mismos no creen

De todas formas nunca moriste
Nuestra patria no tiene fronteras
Sólo recuerdos y corazones libres

Sœurs

Ma mère est ma sœur

Ma tante est ma sœur

Mes sœurs sont bien sur mes sœurs

Mes amies sont mes sœurs

Certains de mes frères sont mes sœurs

La lune est ma sœur

Le soleil est ma sœur

Tout ce qui enfante est ma sœur

Tout ce qui écoute est ma sœur

Tous ceux qui donnent sont mes sœurs

Le mot frère a été tellement abusé

Que seule une femme peut le réparer

Le Dernier

Dans dix ans, te souviendras tu encore
De ce ponton, fuyante perspective pavée d'or
Toutes ces molécules recomposées
Que seul ton œil instruit assemble

Dans cent ans, tu ne seras plus
Qu'un nom sur un bout de bois
Une silhouette sur une photo sur le trottoir
Un recueil de mots en poudre

Dans dix mille ans, les conducteurs du ciel
Auront oublié de lire
Un shoot par intra mémoire
Suffira pour se procurer des histoires

Dans cent mille ans, mon imagination se perd
Chaque tranche de vie est un multivers
Je suis toutes les stars du futur, leurs promos bidon
Déjà oubliées sitôt prononcés leurs noms
Tout doit disparaître sauf…

Peintures et collages de Caroline Cassel

Couverture : Sur la route, collage sur carte postale, 10,5x15 cm, 2021

1 Forteresse, acrylique et collage sur toile, 25x19 cm, 2021

2 Angle droit, détail acrylique et collage sur toile, 20x20 cm, 2018

3 Composition pierre, détail acrylique et collage sur toile, 30x30 cm, 2021

4 Correspondance, avec Olivier Degorce, photographie couleur, 2020

5 Cosmos, avec Olivier Degorce, photographie couleur, 2020

6 Désert, acrylique et collage sur toile, 22x16 cm, 2018

7 "Grapanimal"

8 Paysage jour, collage sur carte postale, 10,5x15 cm, 2018

9 "Saré Souki et Samana" (ak Vieux, Idy et Ousmane)

10 Still life, acrylique et collage sur toile de lin, 30x30 cm, 2018

11 "Poursuite sur mer sombtre"

7,9, 11, C.Amadou Sy

Photo 4ᵉᵐᵉ de couverture : Alexandre Resovaglio

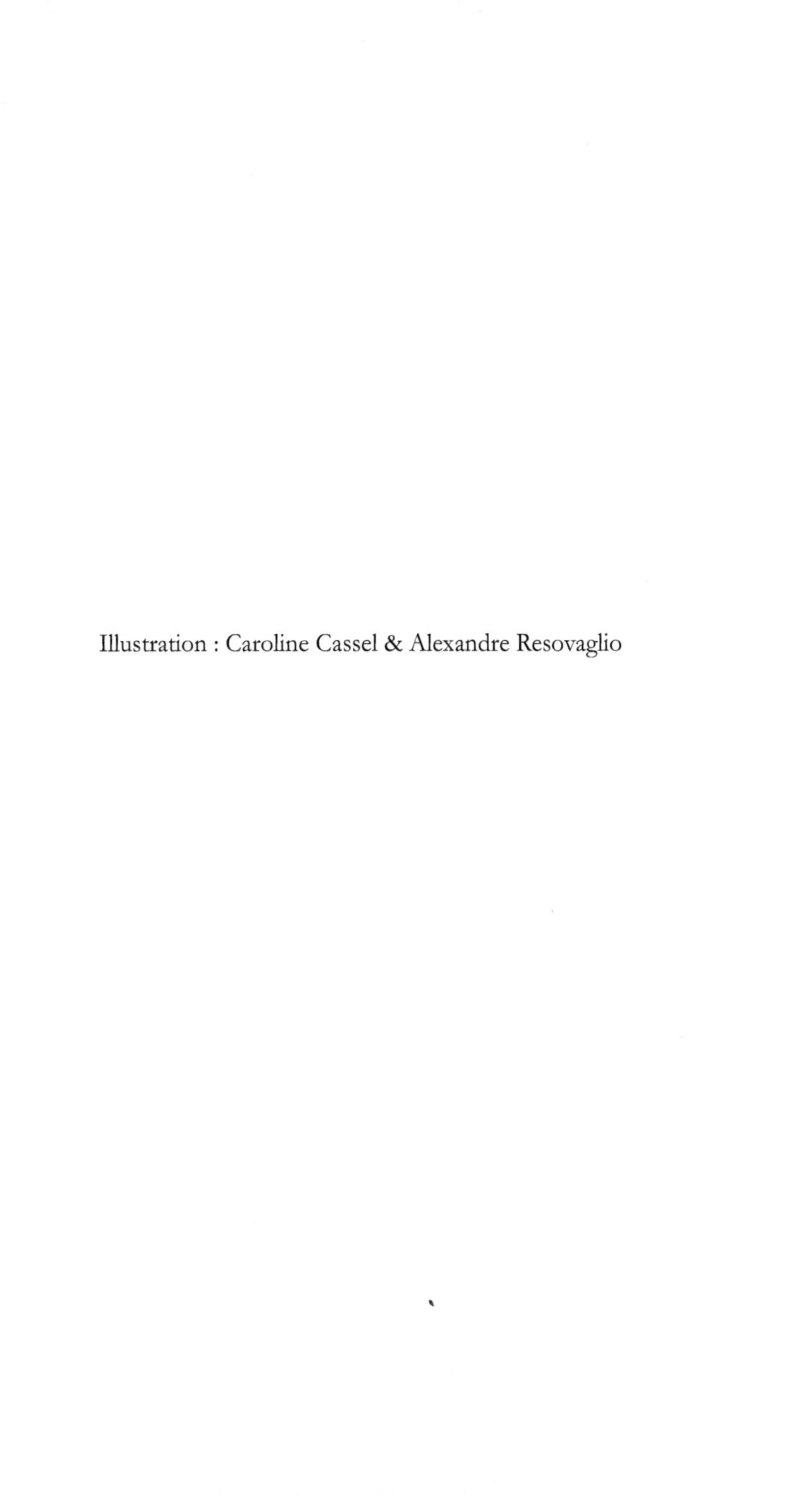

Illustration : Caroline Cassel & Alexandre Resovaglio

Achevé d'imprimer en Septembre 2023

Dépôt légal : Septembre 2023

Pour

Editions Milot